BEI GRIN MACHT SICH IHR WISSEN BEZAHLT

- Wir veröffentlichen Ihre Hausarbeit,
  Bachelor- und Masterarbeit

- Ihr eigenes eBook und Buch -
  weltweit in allen wichtigen Shops

- Verdienen Sie an jedem Verkauf

Jetzt bei www.GRIN.com hochladen und kostenlos publizieren

Bibliografische Information der Deutschen Nationalbibliothek:

Die Deutsche Bibliothek verzeichnet diese Publikation in der Deutschen National-bibliografie; detaillierte bibliografische Daten sind im Internet über http://dnb.d-nb.de/ abrufbar.

Dieses Werk sowie alle darin enthaltenen einzelnen Beiträge und Abbildungen sind urheberrechtlich geschützt. Jede Verwertung, die nicht ausdrücklich vom Urheberrechtsschutz zugelassen ist, bedarf der vorherigen Zustimmung des Verla-ges. Das gilt insbesondere für Vervielfältigungen, Bearbeitungen, Übersetzungen, Mikroverfilmungen, Auswertungen durch Datenbanken und für die Einspeicherung und Verarbeitung in elektronische Systeme. Alle Rechte, auch die des auszugsweisen Nachdrucks, der fotomechanischen Wiedergabe (einschließlich Mikrokopie) sowie der Auswertung durch Datenbanken oder ähnliche Einrichtungen, vorbehalten.

Impressum:

Copyright © 2018 GRIN Verlag
Druck und Bindung: Books on Demand GmbH, Norderstedt Germany
ISBN: 9783668873087

Dieses Buch bei GRIN:

https://www.grin.com/document/453267

Maximilian Schanz

Das Rucksackproblem. Ein Optimierungsproblem der Informatik

Ein kurzer Einblick in die kombinatorische Optimierung

GRIN Verlag

GRIN - Your knowledge has value

Der GRIN Verlag publiziert seit 1998 wissenschaftliche Arbeiten von Studenten, Hochschullehrern und anderen Akademikern als eBook und gedrucktes Buch. Die Verlagswebsite www.grin.com ist die ideale Plattform zur Veröffentlichung von Hausarbeiten, Abschlussarbeiten, wissenschaftlichen Aufsätzen, Dissertationen und Fachbüchern.

Besuchen Sie uns im Internet:

http://www.grin.com/

http://www.facebook.com/grincom

http://www.twitter.com/grin_com

DAS RUCKSACKPROBLEM

EIN OPTIMIERUNGSPROBLEM DER INFORMATIK

Von Maximilian Schanz

Inhaltsverzeichnis

1. Einleitung

In der diskreten Mathematik gibt es einige noch ungelöste Probleme, welche allgemein als Optimierungsprobleme der Kombinatorik bezeichnet werden. Es geht hierbei jeweils darum, aus einer Menge an Elementen eine Reihenfolge festzulegen, welche die geforderten Bedingungen möglichst genau erfüllen. Hierbei gibt es meist nur bis zu einem gewissen Punkt genaue und exakte Lösungen, da man hierfür alle Kombinationen (Möglichkeiten der Anordnung) durchgehen muss. Somit lässt sich meist nur eine Annäherung an die tatsächliche Lösung bestimmen.

Eines dieser kombinatorischen Optimierungsprobleme ist das Rucksackproblem. Dabei muss ein Rucksack mit Gegenständen gefüllt werden. Jeder Gegenstand besitzt einen bestimmten Wert und ein Volumen bzw. ein Gewicht. Ziel ist es den Rucksack so zu füllen, dass der Inhalt einen maximalen (optimalen) Wert ergibt, ohne das Gesamtvolumen bzw. Gesamtgewicht des Rucksacks zu überschreiten. Für eine überschaubare Anzahl an Gegenständen, lässt sich das Problem recht einfach lösen. Nehmen diese jedoch zu, so steigen die Möglichkeiten exponentiell an, wodurch das genaue Ergebnis selbst mit den schnellen Computern der heutigen Zeit nicht bestimmt werden kann, da dies zu große Zeitspannen in Anspruch nehmen würde.

Man geht davon aus, dass das Lösen einer der Probleme der kombinatorischen Optimierung ausreicht, um andere Aufgaben dieser Gattung wie das Traveling Salesman Problem (TSP) oder das Behälterproblem (Bin-Packing) zu klären. Dies zeigt zum Einen die hohe Komplexität des Themas, macht es andererseits aber auch interessant und spannend.

Zu Beginn möchte ich die allgemeine Formulierung weitergehend erläutern und mit Beispielen veranschaulichen, um die Thematik deutlich zu machen. Der historische Hintergrund und der Bezug zu den anderen Problemen der kombinatorischen Optimierung sollen in weiteren Abschnitten aufgezeigt werden. Der Schwerpunkt der Arbeit soll aber auf den Lösungsansätzen und Algorithmen liegen. Zunächst soll der Greedy-Algorithmus, welcher auch als Profitabilitätsindex bezeichnet wird, erläutert werden. Darauffolgend möchte ich weitere Approximationsalgorithmen zur Lösung des Problems wie den Nemhauser Algorithmus, den Backtrackingalgorithmus und die dynamische Programmierung vorstellen, ausführlich beschreiben und mit Beispielen (Auszüge aus der Programmierung) untermalen. Anhand dessen soll auch aufgezeigt werden, warum es nicht immer möglich ist, eine genaue Lösung zu finden und es sich meist um Näherungslösungen handelt. Das Fazit zu den beschriebenen Algorithmen soll den Abschluss der Seminararbeit bilden.

Ziel der Arbeit soll sein, dem Leser einen Einblick in die kombinatorische Optimierung und im Speziellen in das Rucksackproblem zu geben, um ein Verständnis der Thematik zu ermöglichen. Zudem sollen weitergehend verschiedene Lösungsansätze erläutert werden.

2. Allgemeines

2.1 Erläuterung der Problematik

Das Rucksackproblem ist ein spezielles Optimierungsproblem der Kombinatorik. Vorgegeben sind hierfür eine Menge n an Gegenständen, welche an einen Wert sowie ein Gewicht gebunden sind. Des Weiteren ist eine maximale Traglast des Rucksack vorgegeben. Der Rucksack soll nun so gefüllt werden, dass die maximale Traglast nicht überschritten wird und der Gesamtwert der Gegenstände möglichst maximal ist. Dabei ergibt sich eine Folge aus 0 und 1, wobei eine 1 für das Einpacken und eine 0 dementsprechend für nicht Einpacken steht.

Gegenstand	Nr.1	Nr.2	Nr.3
Wert in Euro	5	7	8
Gewicht in kg	2	4	3

TABELLE 1: BEISPIEL 1

Im Folgenden möchte ich die Thematik anhand eines Beispiel mit den Werten aus der obigen Tabelle verdeutlichen. Hierfür gehen wir von einem Maximalgewicht des Rucksacks von 5kg aus. Ziel ist es, zu entscheiden, welche der drei Gegenstände eingepackt werden sollen und welche nicht. Es fällt auf, dass Gegenstand Nr.2 ein so hohes Gewicht besitzt, wodurch es nicht möglich ist, einen weiteren Gegenstand einzupacken. Aufgrund dessen ist der Gesamtwert dieser Möglichkeit mit dem Wert des dazugehörigen Gegenstandes identisch. Die gewinnbringendste und damit für unseren Fall die bestmögliche Kombination ist, den ersten und dritten Gegenstand einzupacken. Dadurch wir das Gesamtvolumen nicht überschritten und der Gesamtwert maximal. Dementsprechend ergibt sich die folgende Lösung: 1-0-1.

Für diese geringe Menge an Gegenständen fällt es leicht, eine Lösung zu bilden. Jedoch wird es mit einer größeren Anzahl an Gegenständen schwieriger, die exakte Lösung zu finden und aufgrund dessen werden Algorithmen verwendet. Jedoch lässt sich selbst hiermit bei einer großen Menge die genaue Lösung nicht mehr exakt bestimmen. Für diesen Fall versucht man ein Ergebnis zu finden, welches der tatsächlich genauen Lösung sehr nahe ist. Durch Approximationsalgorithmen kann diese Näherungslösung errechnet werden. Um eine optimale Lösung zu erhalten, müsste man alle Kombinationen einzeln durchgehen und würde dabei diese finden. Man nennt dieses Vorgehen auch kombinatorische Optimierung (vgl. Atrops, D.-I. S.). Für eine große Menge an Objekten ist dies nicht möglich, da die Möglichkeiten exponentiell (2^n) steigen. Dabei steht die Zwei für die beiden Wahlmöglichkeiten, die bei jedem Gegenstand zur Verfügung stehen. Nämlich einmal den Gegenstand einzupacken und einmal eben nicht. Das n steht, wie oben bereits erwähnt, für die Anzahl der Gegenstände zwischen denen eine Entscheidung getroffen werden muss. Mit Zunahme von n nehmen die Lösungsmöglichkeiten so hohe Bereiche an, dass man auch mit heutigen Computern keine exakte Lösung in angemessener Zeit erhält. Somit kann auf die verschiedenen Approximationsalgorithmen nicht verzichtet werden.

Das Rucksackproblem lässt sich auf mehrere alltagsbezogene Beispiele übertragen. So kann man sich zum Beispiel die Situation eines LKW-Besitzers vorstellen, welcher verschiedene Güter mit bestimmten Preisen besitzt. Sein LKW hat aber, ebenso wie der Rucksack, ein Maximalgewicht, welches nicht überschritten werden darf. Es liegt selbstverständlich im Interesse des Fahrers, den Laster so zu beladen, dass der Gewinn maximal ausfällt.

2.2 Historischer Hintergrund und Bezug zu anderen Problemen

Das Rucksackproblem gehört zu einer Reihe von 21 Problemen, welche als NP-vollständige Probleme bezeichnet werden. Als NP-vollständig gelten Probleme in der Mathematik und Informatik, welche zu den schwierigsten Problemen der NP gehören und nicht effizient lösbar sind. NP (nichtdeterministisch polynomielle Zeit) bezeichnet dabei verschiedenste Entscheidungsprobleme. Zu dieser Liste gehören auch das Partitionsproblem, das Mengenpackungsproblem und Knotenüberdeckungsproblem sowie weitere.

Den Grundstein hierfür legte Stephen Cook 1971 mit seinen Ergebnissen und Resultaten zum Erfüllbarkeitsproblem der Aussagenlogik (kurz SAT). Er bewies, dass dieses Problem NP-vollständig ist. Im darauffolgenden Jahr beschäftigte sich Richard Manning Karp mit dieser Art von Problemen und bewies dies für 20 weitere Probleme und erstellte eine Liste mit insgesamt 21 NP-vollständigen Problemen. Jedes Problem stellt dabei eine Reduzierung der Thematik eines anderen Problems da. So entspringt zum Beispiel das Rucksackproblem dem Problem der exakten Überdeckung. Dadurch wird auch klar, weshalb man davon ausgehen kann, dass es ausreicht, eines der Probleme zu lösen, um jedes andere NP-vollständige Problem zu lösen.

Die NP-vollständigen Probleme gehören zu einem der sieben Millennium-Probleme, welche noch ungelöst sind. Das Clay Mathematics Institute (Massachusetts, USA) hat für das Lösen eines dieser Probleme ein Preisgeld von einer Millionen US-Dollar ausgerufen. Ein Algorithmus, welcher das Rucksackproblem bzw. ein anderes Informatikproblem in angemessener Zeit lösen kann, wird als polynomialer Algorithmus bezeichnet.

3. Greedy-Algorithmus

Als Greedy-Algorithmus wird ein Optimierungsverfahren bezeichnet, welches sich in einer Entscheidungssituation für die Lösung entscheidet, „die zu dem aktuellen Zeitpunkt am erfolgversprechendsten erscheint, also den in diesem Schritt höchsten Beitrag zum Zielwert besitzt" (vgl. Siepermann). Das bedeutet, dass dieser Approximationsalgorithmus sich auf die gegenwärtige Situation konzentriert, diese bewertet und entscheidet. Dementsprechend werden die daraus resultierenden Situationen nicht berücksichtigt. Vereinfacht kann also gesagt werden, dass eine Art Bewertungssystem der Optionen erstellt wird und aufgrund dessen eine Entscheidung getroffen wird.

Für das Rucksackproblem schaut das Prinzip des Greedy-Algorithmus wie folgt aus. Zunächst werden die verschiedenen Gegenstände (Objekte) bewertet und absteigend in einer Tabelle vermerkt. Die Bewertungsfunktion ist in diesem Fall der Quotient aus Wert und Gewicht. Daher wird der Greedy-Algorithmus oft auch als Profitabilitätsindex bezeichnet. Nun wird die Tabelle von oben nach unten abgearbeitet und die jeweiligen Objekte in den Rucksack eingepackt. Zudem wird der Wert des eingepackten Objektes vom Maximalgewicht subtrahiert. Dies geschieht solange, bis das Volumen des einzupackenden Objektes das restliche Gesamtgewicht übertrifft und es somit nicht mehr eingepackt werden kann. Der Algorithmus überprüft anschließend nach absteigendem Profitabilitätsindex, ob dies bei weiter unten stehenden Objekten nicht der Fall ist, um das Ergebnis zu maximieren.

Wir erweitern unser vorrangegangenes Beispiel um zwei neue Objekte (Nr4 und 5) mit jeweiligen Wert (5 und 12) und Gewicht (7 und 10) sowie der dazugehörigen Bewertung (Profitabilitätsindex). Wir nehmen hierfür an, dass das Maximalgewicht des Rucksacks bei 16kg liegt.

Nummerierung nach PI	Nr.	Gewicht in kg	Wert in Euro	Profitabilitätsindex (Wert/Gewicht)
1	3	3	8	2,67
2	1	2	5	2,5
3	2	4	7	1,75
4	5	10	12	1,2
5	4	7	5	0,71

TABELLE 2: BEISPIEL 2

Nun wird nach den oben bereits beschriebenen Kriterien begonnen, Objekte hinzuzufügen. Die ersten drei Objekte nach dem Profitabilitätsindex werden somit eingepackt. Damit haben wir einen aktuellen Gesamtwert von 20 und ein Gesamtgewicht von 9. Die Differenz zum möglichen Gesamtgewicht beträgt also 7. Das Gewicht des nächsten Objektes (Nr.4 nach Profitabilitätsindex) ist damit zu hoch und überschreitet das maximal zulässige Gesamtgewicht. Das letzte Objekt hingegen kann hinzugefügt werden und erhöht unser Gesamtgewicht auf das Maximalgewicht und unseren Gesamtwert auf 25. Das Ergebnis lautet also 1-1-1-0-1.

Im Folgenden soll der Greedy-Algorithmus programmiertechnisch umgesetzt werden.

```
void rateItems();
void sortItems();

const int maxN = 300;
const int maxV = 1000;

int V;
int n;
int v[maxN];
int w[maxN];
int maxValue = 0;
float greedyValues[maxN];

int main()
{
    scanf( "%d %d", &V, &n );
    for( int i = 0; i < n; i++ )
        scanf( "%d %d", &( v[i] ), &( w[i] ) );
    // Gegenstände bewerten und sortieren
    rateItems();
    sortItems();

    for( int i = 0; i < n; i++ )
    {
        if( V - v[i] >= 0 )
        {
            maxValue += w[i];
            V -= v[i];
        }
    }
    printf( "%d\n", maxValue );
    return 0;
}

void rateItems()
{
    for( int i = 0; i < n; i++ )
        greedyValues[i] = (float) w[i] / (float) v[i];
}

void sortItems()
{
    int max;
    int tmp;
    for( int i = 0; i < n; i++ )
    {
        max = i;
        for( int j = i + 1; j < n; j++ )
        {
            if( greedyValues[j] > greedyValues[max] )
                max = j;
            else if( greedyValues[j] == greedyValues[max] && v[j] > v[max] )
                max = j;
        }
        if( max != i )
        {
            tmp = v[max];
            v[max] = v[i];
            v[i] = tmp;
            tmp = w[max];
            w[max] = w[i];
            w[i] = tmp;
        }
    }
}
```

(Vgl. Atrops)

Abschließend kann zum Greedy-Algorithmus gesagt werden, dass er für kleine Mengen an Objekten recht zuverlässig den optimalen Gesamtwert ermittelt. Jedoch besteht bei hohen Mengen an Gegenständen die Gefahr einer deutlichen Differenz zum bestmöglichen Gesamtwert

4. Algorithmus von Nemhauser und Ullmann

Wie bereits in den vorrangegangen Kapiteln beschrieben, ist es bisher nicht möglich, eine exakte Lösung zu ermitteln, ohne alle Kombinationen durchzugehen. Die gesamte Menge an Lösungen lässt sich in einem Gewicht-Wert-Diagramm darstellen. Für jeden Gegenstand kann entschieden werden, ob er eingepackt werden soll oder nicht. Aus diesem Grund kann bei der Erstellung des Diagramms binär hochgezählt werden. Das bedeutet, dass hinter jedem Punkt eine binäre Zahlenkette (z.B. 0-1-1) steht. Dadurch ist gesichert, dass tatsächlich alle Optionen notiert werden. In das Gewicht-Wert-Diagramm wird auch eine Gewichtsschranke (Abbildung 2, rote Linie), also das Maximalgewicht vermerkt, welches natürlich nicht überschritten werden darf. Dementsprechend können alle Werte, die grösser als das vorgegebene Maximalgewicht sind, vernachlässigt werden. Es werden also nur die Punkte links der Linie betrachtet. Jener dieser Punkte, welcher den größten Gesamtwert besitzt, beschreibt die exakte und bestmöglichste Lösung.

Wir nehmen uns erneut dem Beispiel 1(Kapitel 2) an und erstellen daraus ein Gewichts-Wert-Diagramm.

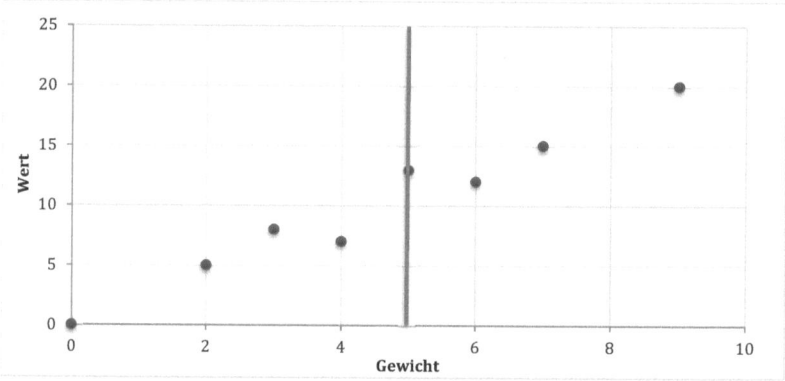

ABBILDUNG 1: GEWICHTS-WERT-DIAGRAMM ZU BEISPIEL 1

Die Lösung ist der von links gesehen fünfte Punkt, der den größten Gesamtwert besitzt. Wir erhalten also die Lösung: 1-0-1. Damit ist auch wiederlegt, dass die beschriebene Lösung in Kapitel 1 richtig ist.

Beim genaueren Betrachten des Diagramms (Abbildung 1) fällt auf, dass Punkte nur dann optimal sein können, wenn es auf der X-Achse links von ihnen keinen Punkt gibt, welcher auf der Y-Achse auf gleicher bzw. größerer Höhe steht. Das bedeutet, dass eine Teilmenge solange nicht die exakte Lösung sein kann, wie es eine andere Teilmenge mit größerem möglichen Gesamtwert bei gleichzeitig gleichem oder geringerem Gesamtgewicht gibt. Punkte, die keine Teilmenge dieser Art besitzen, werden als pareto-optimale Punkte bezeichnet (Vgl. Beier & Vöcking). Dies sind also alles Punkte, welche bei einem gewissen vorgegebenen Maximalgewicht (Gewichtsschranke) die exakte Lösung wiederspiegeln. Wenn man nach der optimalen Lösung sucht, reicht es damit aus, sich auf die pareto-optimalen Punkte zu beschränken. Für das Beispiel 1 ergeben sich somit 7 dieser Punkte, wodurch zwei Punkte bereits als Lösung ausgeschlossen werden können. Unsere Lösung ist selbstverständlich ebenfalls ein pareto-optimaler Punkt.

Die maximale Anzahl an Kombinationen bei n Gegenständen liegt bei 2^n. Für unser Beispiel gilt n=3 und somit ergeben sich insgesamt 8 (=2^3) Kombinationen. Wenn n ansteigt wie in Beispiel 2 (Kapitel 3: Greedy-Algorithmus), so steigt die Anzahl der Teilmengen sprunghaft an. So erhalten wir dort für n=5 bereits 32 (=2^5) Kombinationen. Für eine weit höhere, für alltägliche Anwendungsaufgaben jedoch nicht undenkbare Menge an Gegenständen n, wird die Gesamtmenge an Teilergebnissen jedoch so hoch (z.B. 2^{60}=1,15 Trillionen), dass moderne Computer in angemessener Zeit keine exakte Lösung erzielen. Deshalb ist es wichtig, wenn n einen großen Wert annimmt, auf einen Algorithmus zurückgreifen zu können.

Der Algorithmus von Nemhauser und Ullmann von 1969 basiert darauf, dass eine kleine Anzahl an Punkten, welche die Lösungen einer geringen Menge an Gegenständen n (nur ein Teil der vorgegebenen Gegenstände) bezeichnet, kontinuierlich erweitert werden, bis die Gesamtmenge an Gegenständen erreicht wird. Dabei wird auf Punkte, von denen man bereits ausgehen kann, dass sie nicht als exakte Lösung (kein pareto-optimaler Punkt) angesehen werden können, verzichtet. Wenn ein neuer Gegenstand hinzugefügt wird, so hat er die Möglichkeit zu jeder bereits existierenden Option, welche ein pareto-optimaler Punkt ist, ergänzt zu werden oder nicht angefügt zu werden. Letzteres ist irrelevant, da sich dadurch am Gesamtgewicht sowie Gesamtwert nichts verändert. Somit muss nur der erste Fall betrachtet werden. Hierbei entsteht ein neuer Punkt, welcher von seinem ursprünglichen Punkt ausgeht und auf der X-Achse um das Gewicht des Objektes zunimmt und auf der Y-Achse um den Zuwachs des Gesamtwerts steigt. Die entstandenen neuen Punkte müssen mit den anderen Punkten verglichen werden. Alle Punkte, die einen Punkt links oberhalb von sich besitzen, können, da sie nicht mehr pareto-optimal sind, gestrichen werden.

Alle pareto-optimalen Punkte werden in einer Liste gespeichert. Bei der Anwendung des Algorithmus von Nemhauser und Ullmann beginnt man mit dem Punkt P (0|0) und erstellt somit eine Liste L_0. Für jede Erweiterung, also dem Hinzufügen eines weiteren Objekts, wird eine neue Liste erstellt. Auf L_0 folgt also L_1 und auf L_1 folgt L_2 bis hin zu L_n. Die Liste L_n enthält dementsprechend alle pareto-optimalen Punkte. Der Punkt mit dem höchsten Gesamtwert der Liste L_n ist somit die exakte bzw. die annähernd exakte Lösung (Vgl. Beier & Vöcking).

Da man mathematisch bestimmen kann, dass die Anzahl von pareto-optimalen Punkten vergleichsweise gering ist, lässt sich auch für eine sehr hohe Anzahl an n Gegenständen problemlos eine Lösung errechnen, da durch den Algorithmus nur das Ergebnis einer geringen Teilmenge errechnet werden muss. Jedoch ist der Nemhauser und Ullmann Algorithmus kein polynomialer Algorithmus und liefert nicht immer eine exakte Lösung.

5. Dynamische Programmierung

Die wohl verständlichste, jedoch gleichzeitig aufwändigste Variante die bestmögliche Lösung zu finden, auch wenn sie bei großen Zahlenmengen an ihre Grenzen stößt, ist die kombinatorische Kombinierung. Diese beruht auf dem Prinzip, sich für jedes Objekt einzeln und unabhängig die Frage zu stellen, ob der Gegenstand eingepackt wird oder auch nicht. Dies lässt sich am anschaulichsten in einem binären Baum (Rekursion) darstellen.

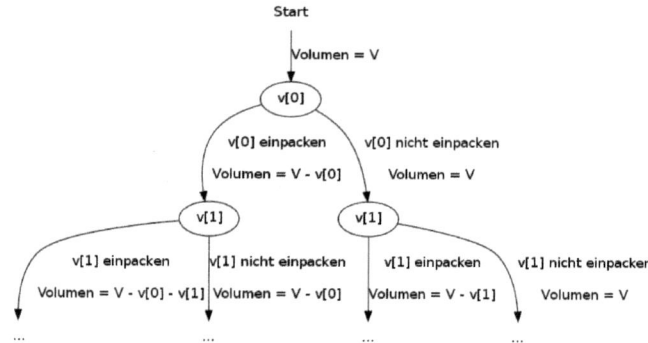

ABBILDUNG 2: BINÄRER BAUM (REKURSION)

Quelle: https://www.proggen.org/lib/exe/fetch.php?media=algo:recursion.png

Es werden pro Rekursionsschritt je zwei Werte errechnet. Bei einem wird der aktuelle Gegenstand eingepackt, bei dem Anderen kommt der Gegenstand nicht in den Rucksack (siehe Abb. 2). Selbstverständlich muss bei Verwendung des Gegenstandes, seine Masse von der zulässigen und möglichen Gesamtmasse abgezogen, sowie der Wert des Gegenstandes zum aktuellen Wert der im Rucksack befindlichen Gegenstände addiert werden. Wenn das Objekt nicht eingepackt wird, bleibt der aktuelle Gesamtwert gleich und am restlichen Volumen des Rucksacks ändert sich ebenfalls nichts. Dies wird solange fortgesetzt, bis der letzte Gegenstand abgearbeitet wurde (Vgl. Atrops).

Wir nehmen uns einem neuen, größeren Beispiel an, wobei es in diesem Fall ausreicht, sich auf die ersten Werte zu konzentrieren. Das maximal zulässige Gesamtgewicht des Rucksacks soll 30 betragen.

Nr.	Masse in kg	Wert in Euro
1	5	8
2	5	8
3	6	7
...	...	...

TABELLE 3: BEISPIEL 3

8

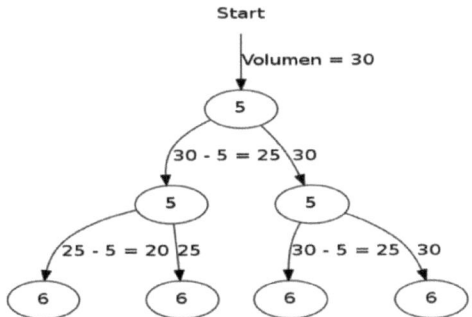

ABBILDUNG 3: BINÄRER BAUM ZU BEISPIEL 3

Quelle: https://www.proggen.org/lib/exe/fetch.php?media=algo:recursionsteps.png

Nach dem Start berechnen wir das Restvolumen des Rucksackes, indem wir den Gegenstand Nr.1 einpacken (linker Zweig) oder nicht (rechter Zweig). Dasselbe gilt für den zweiten Gegenstand sowie alle Folgenden. Wir erhalten dementsprechend folgende Zwischenwerte (im binären Baum von links):

- **1-1:** Restvolumen=20; Zwischenbetrag=16
- **1-0:** Restvolumen=25; Zwischenbetrag=8
- **0-1:** Restvolumen=25; Zwischenbetrag=8
- **0-0:** Restvolumen=20; Zwischenbetrag=0

Das Problem der Rekursion mit einem binären Baum liegt, wie an mehreren Stellen bereits erwähnt, in der Länge der Liste an Gegenständen zwischen denen es sich zu entscheiden gilt. Je nachdem wie viele weitere Gegenstände in dem Beispiel noch folgen, nimmt die Anzahl der Ergebnisse der Rekursionsschritte so hohe Werte an, dass der Computer nicht mehr damit umgehen kann oder man nicht in angemessener Zeit auf eine entsprechende Lösung kommt.

Bereits nach der zweiten Entscheidung der Rekursion fällt auf, dass wir auf mehreren Zweigen des Baums, gleiche Zwischenwerte erhalten (siehe oben). Deshalb ist es ratsam, sich die Frage zu stellen, ob man ab hier noch alle weiteren Zweige errechnen muss. Denn wenn sowohl das aktuelle Restgewicht des Rucksacks sowie der Gesamtwert der Gegenstände identisch sind, erhalten wir gleiche Ergebnisse. Es ist deshalb nur notwendig, diese einmal zu errechnen und sie dann zu speichern (Vgl. Atrops). Damit können sie an einer identischen Stelle im binären Baum abgerufen werden. Es gilt zu beachten, dass dabei nur Zwischenwerte verwendet werden können, welche sich auf gleicher Rekursionsstufe befinden. Im Allgemeinen wird dieses Verfahren als Dynamisierung bezeichnet.

Programmiertechnisch umgesetzt heißt das, dass wir neu berechnete Werte in einem zweidimensionalen Array speichern. Dies bedeutet im Grunde, dass man eine Tabelle mit Spaltenindex (Rekursionsschritt) und Zeilenindex (Gewicht der Gegenstände) erstellt. Der Inhalt ist der Gesamtwert der Gegenstände. Initialisiert wird diese mit dem Wert -1, da der Wert der Gegenstände niemals negativ werden kann. Es wird nun jeweils, bevor mit einem Zwischenergebnis weitergerechnet wird, gefragt, ob mit einem identischen Zwischenergebnis bereits gerechnet wurde. Wenn wir bereits ein Ergebnis haben, geben wir dieses zurück und brechen die Rekursion ab. Andernfalls wird natürlich ein neues Zwischenergebnis berechnet und im Array gespeichert. Wie bereits oben beschrieben, liegt ein identisches Zwischenergebnis vor, wenn in gleicher Rekursionsstufe die Werte des Gesamtwerts und Restgewichts gleich sind und man somit dieselben Ergebnisse erhält (Vgl. Atrops).

Der Begriff dynamische Programmierung stammt aus dem Gebiet der Regelungstheorie und wurde in den 1940er Jahren von dem amerikanischen Mathematiker Richard Bellmann eingeführt (Vgl. Bellmann, Richard). Die Methode der dynamischen Programmierung wird auch in anderen Algorithmen - wie dem Needleman-Wunsch-Algorithmus - verwendet und stellt somit einen Überbegriff dar.

6. Backtracking

Backtracking, auch Rücksetzverfahren genannt, ist eine Methode, bei der nach dem Versuch-Irrtum-Prinzip (engl. Trial and Error) vorgegangen wird. Es basiert wie die dynamische Programmierung ebenfalls auf der Rekursion, wobei auch hier versucht wird, die Anzahl der Entscheidungen einzugrenzen. Dabei wird zufällig ein Lösungsweg versucht. Dies ist vergleichbar mit dem Ariadnefaden, welcher beim Lösen eines Labyrinths angewandt wird. Wenn absehbar ist, dass das aktuelle Zwischenergebnis nicht mehr die maximale und optimale Lösung erzielen kann, werden ein oder auch mehrere Rekursionsschritte zurück genommen. Von dort ist es dann möglich, einen neuen Lösungsweg zu starten (Vgl. Sedgewick; Wirth). Damit kann garantiert werden, dass jeder in Frage kommende Lösungsweg durchgegangen wurde.

Ein Beispiel für eine Situation, in der es sich nicht mehr lohnt weitere Berechnungen mit der aktuellen Zwischenlösung anzustellen, lässt sich wie folgt beschreiben. In der aktuellen Rekursionsstufe haben wir ein Ergebnis erhalten, bei dem ein gleiches bzw. geringeres Restgewicht sowie ein geringerer Gesamtwert der Objekte des Rucksacks vorliegt, wie bei einem Zwischenergebnis derselben Rekursionsstufe. Dies liegt daran, dass wir in beiden Fällen die gleichen Gegenstände übrig haben, zwischen denen es sich zu entscheiden gilt. Wir nehmen also an, dass wir Zwischenergebnis A (übriges Restgewicht: 3, akt. Gesamtwert: 5) sowie Zwischenergebnis B (übriges Restgewicht : 3, akt. Gesamtwert: 4) vorliegen haben. Aufgrund der schlechteren Ausgangslage und des geringeren aktuellen Gesamtwerts kann das Zwischenergebnis nicht zur optimalen Lösung führen, unerheblich davon welche Objekte noch zur Verfügung stehen. Dies ist nur ein Beispiel von mehreren Verschiedenen.

Bei einem Algorithmus ist entscheidend, in welcher Zeit er ein Ergebnis liefert. Das Rücksetzverfahren ist für eine geringe Menge an Objekten geeignet. Sobald mit hohen Mengen gerechnet werden muss, stößt das Verfahren an seine Grenzen. Da das Prinzip auf der Tiefensuche beruht, haben wir somit mit $O(z^n)$ und einem Verzweigungsgrad $z>1$ eine exponentielle Laufzeit. Der Verzweigungsgrad beträgt im Fall des Rucksackproblems zwei, aufgrund der beiden Möglichkeiten von Einpacken und nicht Einpacken. Der Rekursionsbaum erweitert sich in besagtem schlechtesten Fall wie folgt: $1 + z^1 + z^2 + \ldots + z^n$. Bei vielen Gegenständen ist dies nicht Ziel bringend (Vgl. Sedgewick; Wirth). Deshalb findet das Backtracking hauptsächlich in anderen Themengebieten wie der oben bereits erwähnten Labyrinthsuche bzw. auch dem Sudoku Anwendung.

Mit Backtracking kann auch das Rückverfolgen der Zwischenergebnisse, die zu einer Gesamtlösung geführt haben, beschrieben werden. Denn mit der Ausgabe des Zwei-dimensionalen Arrays (siehe vorrangegangenes Kapitel: Dynamische Programmierung) erhalten wir am Ende das maximale Ergebnis, jedoch wird die Frage nach den Objekten, welche eingepackt werden sollen, nicht geklärt. Dabei muss im Grunde der Weg zurück gegangen werden, wobei man auch sagen kann, dass Objekte wieder ausgepackt werden. Im Array muss dabei logischerweise beim maximalen Gesamtwert, dem erhaltenen Ergebnis begonnen werden. Es wird nun fortlaufend rückwärts, also in umgekehrter Reihenfolge wie beim Einpacken, begonnen wieder auszupacken (Vgl. Atrops). Dabei werden Wert und Gewicht vom Endergebnis abgezogen. Wenn nun die Rückrechnung korrekt ist, es also ein Zwischenergebnis in der Spalte weiter rechts im Array mit diesen Daten gibt, wurde der Gegenstand eingepackt. Wenn es keines gibt (im Array steht an dieser Stelle eine -1) bedeutet das, dass dieser Gegenstand nicht Teil der Lösung ist.

Zur Verdeutlichung soll folgendes Beispiel dienen (max. Gewicht. 4):

Gegenstand	Nr.1	Nr.2	Nr.3
Wert in Euro	1	3	2
Gewicht in kg	2	2	1

TABELLE 4: BEISPIEL 4

Die optimale Lösung lässt sich einfach bestimmen: 0-1-1. Es gilt nun zu versuchen über den Auszug aus dem Array die gleiche Lösung zu erhalten. Dabei stellen die grauen Felder nicht belegte (programmiertechnisch: -1) oder für das Beispiel irrelevante Werte dar (zur Verständlichkeit).

	Gegenstand		
Gewicht	**0**	**1**	**2**
0			0
1			
2		3	1
3	5		
4	4		

TABELLE 5: ARRAY ZU BEISPIEL 4

Das bestmögliche Ergebnis (Zeile 3; Spalte 0; orange hinterlegt) hat den Wert 5. Wenn wir nun unsern letzten Gegenstand (Nr.3) „auspacken", müssen wir dessen Wert und Gewicht abziehen. Man erhält somit ein Gewicht von 2 und einen Wert von 3. Im Array muss eine Spalte nach rechts gegangen werden. Da sich dort (Zeile 2; Spalte 1) das passende Zwischenergebnis befindet, wurde das Objekt Nr.3 eingepackt. Das gleiche gilt für Gegenstand Nr.2, wobei wir dabei rechts oben (Zeile 0; Spalte 2) in der Tabelle das Ergebnis finden und deshalb sagen können, dass dieser auch eingepackt wurde. Somit ist klar, dass das erste Objekt nicht im Rucksack ist. Dafür hätte man sich an einem anderen Punkt (Zeile 2; Spalte 2) befinden müssen. Dementsprechend erhalten wir ein Ergebnis (0-1-1) welches mit dem oben errechneten übereinstimmt und damit richtig ist.

7. Zusammenfassung

Das Rucksackproblem ist ein NP-vollständiges Problem. Das wird vor allem bei den verschiedenen Lösungsmethoden und Algorithmen deutlich. Zum einen gibt es polynomiale Algorithmen, welche jedoch bei höheren Objektmengen in angemessener Zeit nicht zu einer Lösung kommen, also damit in gewisser Weise unbrauchbar sind. Zum anderen gibt es Lösungsansätze, die simpel und nicht komplex sind, dementsprechend auch zeitlich gesehen schnell zu einer Lösung kommen. Jedoch unterscheidet sich deren Lösung teils erheblich vom exakten Ergebnis.

Der Greedy-Algorithmus basiert auf dem Prinzip, einen Profitabilitätsindex zu erstellen. Dabei wird der Wert eines Gegenstandes durch das Gewicht dividiert. Es wird somit im Grunde eine Rangfolge erstellt. Danach wird diese von dem Punkt des profitabelsten Gegenstands an abgearbeitet, also in den Rucksack eingepackt, bis kein Objekt mehr hineinpasst. Dieses Verfahren hat jedoch den Nachteil der Ungenauigkeit des Ergebnisses mit Zunahme der Objektmenge.

Bei dem Algorithmus von Nemhauser und Ullmann konzentriert man sich auf die pareto-optimalen Punkte, also jene Teilmengen, die keine anderen Teilmengen besitzen, die leichter (oder gleich schwer) sind und gleichzeitig einen größeren Profit haben, da diese nicht mehr zur optimalen Lösung führen. Einer dieser pareto-optimalen Punkte ist die Lösung. Vor allem bei großen Objektmengen ist der Algorithmus von Nemhauser und Ullmann einsetzbar, liefert aber nicht immer eine exakte Lösung. Es handelt sich um keinen polynomiellen Algorithmus.

Die dynamische Programmierung versucht bereits berechnete Rekursionsschritte nicht erneut kalkulieren zu müssen. Man speichert Zwischenergebnisse ab und kann - wenn nötig - wieder darauf zugreifen. Damit lassen sich einige Berechnungen einsparen und man kommt schneller zu einem Ergebnis, jedoch ist dies von den einzupackenden Objekten (Masse, Wert) abhängig.

Ein Backtrackingalgorithmus, welcher auf der Rekursion beruht, ist bei geringen Mengen an Objekten recht sinnvoll. Darüber hinaus erweist er sich jedoch, vor allem in Hinblick auf die benötigte Zeit als eher ungeeignet. Das mag für andere Problemstellungen unterschiedlich sein. Mit dem Rücksetzverfahren wird versucht, ein Zwischenergebnis zur Gesamtlösung auszubauen. Dabei werden zufällig Entscheidungen getroffen, bis ausgeschlossen werden kann, dass diese die optimale Lösung bilden können.

Abschließend kann zu den Algorithmen gesagt werden, dass es nicht den optimalen Lösungsweg gibt. Es gibt viele Faktoren, welche dies beeinflussen. Die Menge der Gegenstände ist dabei ganz elementar, aber auch die Unterschiede zwischen dem Wert und dem Gewicht der Gegenstände oder das zulässige Gesamtgewicht können das Ergebnis beeinflussen (hauptsächlich beim Greedy-Algorithmus). Des Weiteren kommt es ganz darauf an, was man von dem Algorithmus erwartet und was man für ein Ergebnis benötigt. Will man schnell ein Ergebnis erzielen oder möglichst genau. Es gibt nicht den Algorithmus, der am schnellsten und genausten ein Ergebnis hervorbringt. Das finden einer geeigneten Darstellung ist also eine zentrale Herausforderung.

8. Quellenverzeichnis

Atrops, D.-I. S. (kein Datum). *proggen*. (Xin Software Design) Abgerufen am 20. April 2018 von https://www.proggen.org/doku.php?id=algo:knapsack

Beier, D., & Vöcking, P. (kein Datum). *Algorithmus der Woche*. (F. Informatik, Herausgeber) Abgerufen am 11. Dezember 2017 von https://www-i1.informatik.rwth-aachen.de/~algorithmus/impressum.php

Bellmann, R. (1957). *Dynamic Programming*. Princeton University Press.

Cook, S. (1971). *The Complexity of Theorem Proving Procedures*. Shaker Heights, Ohio, USA.

Hempel, T. (2005). *Homepage Tino Hempel*. Abgerufen am 11. Dezember 2017 von Rucksackproblem: https://tinohempel.de/info/info/ti/rucksackproblem.htm

Korte, B. (2005). *Combinatorial Optimization*. Springer.

Krumke, S. O. (2009). *Graphentheoretische Konzepte un Algorithmen*. Vieweg-Teubner.

Sedgewick, R. (2002). *Algorithmen* (2. Ausg.). München: Addison-Wesley.

Siepermann, D. M. (kein Datum). *Gabler Wirtschaftslexikon*. (S. G. Verlag, Herausgeber) Abgerufen am 14. Dezember 2017 von Greedy-Algorithmus: http://wirtschaftslexikon.gabler.de/Archiv/-2080945372/greedy-algorithmus-v2.html

Wirth, N. (1983). *Algorithmen und Datenstrukturen* (3. Ausg.). Stuttgart: Teubner.

BEI GRIN MACHT SICH IHR WISSEN BEZAHLT

- Wir veröffentlichen Ihre Hausarbeit,
  Bachelor- und Masterarbeit

- Ihr eigenes eBook und Buch -
  weltweit in allen wichtigen Shops

- Verdienen Sie an jedem Verkauf

Jetzt bei www.GRIN.com hochladen und kostenlos publizieren